Herausgeber: Christian Lokcick

Autor: Christian Lokcick

Umschlaggestaltung, Illustration: Christian Lokcick

weitere Mitwirkende: Sandy Ruwet, Jean-Claude Charpentier

Verlag & Druck: tredition GmbH, Halenreie 40-44, 22359 Hamburg

ISBN: 978-3-347-31125-1 Paperback

ISBN: 978-3-347-31126-8 Hardcover

ISBN: 987-3-347-31127-5 ebook

Bibliografische Information der Deutschen Nationalbibliothek:

Die Deutsche Nationalbibliothek verzeichnet diese Publikation in der Deutschen Nationalbibliografie; detaillierte bibliografische Daten sind im Internet über http://dnb.d-nb.de abrufbar.

Clan

Cameron

Clan Cameron

Es ist generell bekannt, daß der erste Chief Donald Dubh war, der von den Macgillonies oder den mittelalterlichen Camerons von Ballegarno abstammte.

Donald Dubh, geboren um 1400, vergrößerte seine Vermögen, als er die

Erbin der Macmartins von Letterfinlay heiratete. Er wurde berühmt, als er Stämme in einem Bund dem Clan Cameron, vereinigte. Ein Clan mit einer sehr starken Führung. Von nun an wurden die Oberhäupter bis zum 16 Jahrhundert Kapitäne des Clans genannt. Danach wurden die Ländereien von

Lochiel in eine Baronie gehoben. Es war etwa zwischen dem 15 und 16 Jahrhundert, wo Alan Macdonald Dubh, eine drei hundert Jahre lange Fehde mit den Mackintoshes anfing. Dies war aber nicht der einzige Konflikt, in den der Clan verwickelt wurde.

Der große XVI Chief Ewan Macallan half der Lordschaft der Inseln während eines gescheiterten Aufstandes. Im Jahre 1629 wurde Sir Ewan, einer der best bekannten Chiefs geboren. Er war ein Royalist, und wurde deshalb vom Herzog von York in Edinburgh geadelt. Sein Enkel besser bekannt als ' gentle' Lochiel, verbrachte viel Zeit mit dem Aufbessern seiner Ländereien und Güter, bis zur dem großen Aufstand von '45' nach einem persönlichen Treffen mit Bonnie Prince Charlie. Nach der Katastrophe bei Culloden, wurden alle Cameron Ländereien verwüstet, und viele Güter zerstört. Erst im Jahre 1748, wurden die Ländereien und Güter der Familie durch die Zahlung einer sehr hohen Geldstrafe zurückgegeben.

Lochiel 's Enkel, Donald, bat um die Hilfe von James Gillespie, dem schottischen Architekt, um ein neues Haus im Jahre 1802 zu bauen, aber das Projekt wurde erst nach seinem Tode vervollständigt. Während des ersten Weltkrieges stellte der XXV Chief Lochiel vier zusätzliche Bataillone der Cameron Highlanders auf, und wurde1934 zum Ritter der Distel geschlagen, ein Titel der sein Sohn, der nächste Chief im Jahre 1973 übernahm.

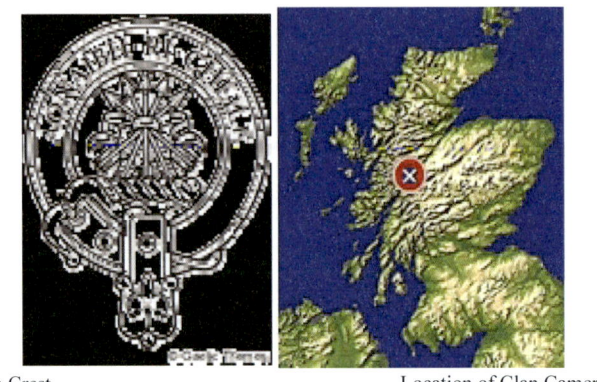

Clan Crest   Location of Clan Cameron

Ancient Cameron Tartan

Die Geschichte des Clan Cameron

Die Cameron Ländereien liegen in Lochaber, am Süd-West Ende von Glenalbyn, auch bekannt als 'Great Glen'. Glenalbyn teilt das Hochland in zwei Teile; im Süden, das Südliche Hochland, mit den Bereichen Grampian und Monadhliath; im Norden, das Nördliche und Westliche Hochland. Der Caledonian Kanal, zuerst für den Verkehr im Jahre 1822 geöffnet, durchquert die ganze Länge von Glenalbyn.

Obwohl ein großer Teil von Lochaber auf der westlichen Seite des Loch Lochy Beckens (welches das südliche Ende von Glenalbyn bildet), gibt es zwei Unterteilungen im Osten; Brae Lochaber und Nether Lochaber. Die Grafschaft ist sehr bergig, einige der Hügel, haben eine Höhe von 4000 feet, und mehr; der Ben Nevis, der höchste Berg in Britannien sogar 4406 Feet. Das ganze Gebiet wird von Meerwasserlochs, Frischwasser-lochs, breiten Feldern, und schmalen Tälern durchschnitten.

Die Felder sind generell fruchtbar, sie wurden entwässert und kultiviert, und geben jetzt gute Ernten. Die Täler versorgen Vieh und Schaf mit ausgezeichnetem Gras; Hirsche und andere Arten von Wild streifen in den Bergen umher. In den Flüssen und den Frischwasser- Lochs gibt es reichlich Lachse und Forellen; und die Meerwasser-lochs beherbergen vielen Arten von Meerwasser Fischen.

Zu dieser Zeit fängt diese Geschichte an, ungefähr um 1400, muß das Land im Allgemeinen den gleichen Umriß und genauso ausgesehen haben, als heute. Nur aber dass die Bevölkerung, sich nicht in der Stadt Fort-William und seinen benachbarten Dörfern konzentriert, sondern über das ganze Gebiet ausbreitete. In jedem Tal waren kleine Ansiedlungen von vielleicht einem Dutzend Hütten, und wo die Erde gut war, wurde sie kultiviert. Straßen gab es nicht, und die Kommunikation und der Transport waren neben Fuß, zu

Pferde, oder durch einheimische Ponys mit Körben, Packsättel, oder Schlitten gemacht worden. Mit Rädern versehenen Fahrzeuge waren unbekannt. Die Bewohner waren Stämme die in ihren eigenen Gebieten wohnten.

Beim Ausführen ihrer primitiven pastoralen und landwirtschaftlichen Berufe, gab es oft Streit mit benachbarten Stämmen, generell über den Besitz des besten Stück des Landes.

Ungefähr am Ende des 14 Jahrhunderts ein Chief, oder Führer mit dem Namen Donald Dubh, wessen Nachname Cameron war, erhob sich in Lochaber. Er muß ein Mann von Wichtigkeit, Fähigkeit, und Energie gewesen sein, denn alle örtlichen Stämme folgten ihm.

Donald Dubh war das erste " authentische " Oberhaupt oder Chief von diesem Stammesbund, der allmählich als den Clan Cameron bekannt wurden und sein Name galt als Markennamen vom ganzen
Stamm, bis der Clan offiziell in einem Freibrief von 1472 anerkannt wurde. Von Donald Dubh an leiteten alle späteren Chiefs ihren Gaelichen Namen ab, MacDhomhnuill Duibh (der Sohn eines Dunkelhaarigen oder dunkler Donald) , wie auch noch der heutige Chief in Gaeldom genannt wird.

Während des 13 ten und 14 ten Jahrhundert waren die wichtigsten Stämme in Lochaber der Clan Donald, der Clan Chattan, und der Mael-anfhaidh.
Der Mael-anfhaidh bestand aus drei Haupt Stämmen; der MacMartins von Letterfinlay; der Macgillonies (Mac ghille-anfhaidh); und der MacSorlies von Glennevis (Sliochd Shoirle Ruaidh). Den MacMartins wird nachgesagt, das Oberhaupt von diesem Bund von Stämmen bereitgestellt zu haben.

Donald Dubh Cameron, schon erwähnt, heiratet die MacMartin Tochter, und durch diese Heirat oder durch seine eigene Tüchtigkeit, nahm er die Führung an und wurde Chief von einem Bund von Clanen, die später den Klan Cameron bildeten.
1396 gab es eine Gladiatoren ähnliche Schlacht um das
Gebiet im Norden von Perth. Dieser erstaunliche Wettbewerb zwischen Vertretern von zwei Rivalisierenden Clanen wurde in

einer besonders vorbereiteten Arena ausgeführt, die von Sitzen für Zuschauer umgeben war, und von der Blüte des schottischen Adels beobachtet wurde. Zwölf Männer von jedem Clan, einige sagen es waren mehr, die für ihre Tüchtigkeit ausgewählt wurden, kämpften mit Schwert und Schilde vor dem König, Robert III, der als Richter fungierte.

Eigentlich wurde die Identität der zwei Clane, und der Grund ohne Zweifel nie veröffentlicht, aber viele Verwaltungen behaupten, daß der Wettbewerb arrangiert wurde, um die Streitigkeiten zwischen dem Clan Macintosh und Clan Cameron zu entscheiden, aber wenn dies der Fall wäre, war es außerordentlich erfolglos. Es ist fraglich welche Seite, gewonnen hat, denn die Fehde ging schlimmer weiter als zu vor. Diese Fehde sollte sich mit veränderlichem Vermögen für die nächsten drei hundert und fünfzig Jahre fortsetzen!

Donald Dubh wurde Chief zurzeit, als die Lordschaft der Inseln ihren Höhepunkt erreichte. Von ihm wurde erstmals berichtet bei der Unterstützung von Donald, dem ' 2nd Lord of the Isles', in dessen Aufstand von 1411. Er erhob eine große Streitmacht von seinen eigenen Clan Donald, seinen Vasallen, und Donald Dubh mit seinen Verbündeten. Diese Armee traf die Streitmacht des Regenten Albany bei Harlaw, in der Nähe von Aberdeen. Die Schlacht von Harlaw war eine besonders blutige Angelegenheit, und wurde als " Red Harlaw" bekannt.
Das Ergebnis war unschlüssig, denn die Verletzten und Toten waren auf beiden Seiten so hoch, dass sie sich nicht mehr bekämpfen konnten.

Achtzehn Jahre später, als Alexander, 3rd Lord of the Isles, seine Streitkräfte versammelte und die Stadt von Inverness überfiel und plünderte, kamen Donald Dubh mit den Camerons zu seiner Unterstützung.
Die Macintoshs bildeten auch ein Teil seiner Macht. Aber als Alexander nach Lochaber zurückkam, wurde er von König James I und seiner Armee abgefangen. Donald Dubh und die Macintoshs, die selbst gegenüber ihrem König standen,

verliessen Alexander von den Inseln und schlossen sich der Armee des Königs an. Einige sagen, daß auf dieses Konto, Alexanders Armee besiegt wurde, und Alexander sich selbst dem König stellte und inhaftiert wurde.

Im gleichen Jahr hatten die zwei Clane (Cameron und Macintosh) eine verzweifelte Begegnung. Obwohl die Camerons und die Macintoshs in ihren Prinzipien von Loyalität übereinstimmten, brach ihr ehemaliger Streit über die Ländereien wieder aus, und sie verabredeten sich Palm Sonntag.
Sie bekämpften sich mit solcher Hartnäckigkeit, dass die meisten der Macintoshs und fast der ganzen Stamm der Camerons, in Stücke geschnitten wurde. Inzwischen wollte Donald Balloch, die Inhaftierung seines Cousins Alexander of the Isles rächen.

Nach der Niederlage der königlichen Streitmacht, die den Clan Cameron einschloß, zog er sich nach Inverlochy zurück. Seine Aufmerksamkeit galt nun den Camerons und dem Clan Chattan (Mackintosh), dessen Ländereien er verwüstete. Der König führte dann eine Armee ins Hochland, und die rebellischen Mächte zerfielen.

1437 wurde der König ermordet, und Alexander, der Lord of the Isles wurde befreit. Er verlor keine Zeit mit der Vergeltung auf die Camerons. Nicht nur dass sie ihn 1429 im Stich ließen, sie hatten es auch abgelehnt, sich mit Donald Balloch beim Aufstand 1431 zu verbinden. Donald Dubh Cameron wurde gezwungen, bis 1438 nach Irland zu fliehen, und Alexander verlieh die Cameron Ländereien an John Garve Maclean of Coll. 1438 kam Donald Dubh zurück, um seine Leute zu befreien und wieder zu führen.
Der Clan bekam seine Ländereien zurück, indem er die Macleans in der Schlacht bei Corpach besiegte.

Donald Dubh 's Sohn, Allan MacDonald Dubh (XXII Chief), war nach 1461 genauso erfolgreich wie sein Vater davor. Der Clan Camerons hatte Frieden mit den MacDonalds in dieser Zeit geschlossen. Allan hatte eine MacDonald Dame geheiratet, und wurde 1472 Besitzer von der Burg Strome (auch Strone genannt), eine MacDonald Festung auf Lochcarron in Ross-shire.

Dieser Allan M'Coilduy hatte den Charakter von einem der tapfersten Chiefs seiner Zeit... Es wird gesagt, dass er 32 Expeditionen in die Länder seiner Feinde, in 32 Jahre wo er gelebt hat gemacht hat, und drei mehr, für die Dreiviertel eines Jahres, als er im Mutterleib seiner Mutter war, ... Ein Cameron Angriff auf Macintoshs Ländereien, vereitelt durch seinen Nachbarn und Verwandtem Keppoch, der im geheimen arrangierte, den Macintosh zu helfen und damit seinen Verwandten den Camerons in den Rücken zu fallen. Dies führte zu einer grossen Niederlage der Camerons, und Allan wurde in der Hitze des Kampfes getötet (zirka 1480).
Wegen der Häufigkeit von seinen Überfällen und seinen Gefechten wurde er als Allan nan Creach bekannt (Allan of the Forays.)

Ewen MacAllan (XXIII Chief), vom Clan Cameron, war 1480 erfolgreicher als sein Vater, Allan MacDonald Duibh. Er bewies wie seine Vorgänger nicht nur Kraft, sondern vor allem mit seinem Verstand. Um die Gelegenheiten und Streitigkeiten mit den Macintoshs zu erleichtern, heiratete er Marjory, Tochter von Duncan, der Chief der Duncans war. Nach all seine Anstrengungen, eine Zustimmung der Macintoshs herbeizuführen, brach der Krieg mit mehr Wut als zuvor wieder aus. Viele blutige Konflikte gab es zwischen ihnen. Aber die Camerons, werden von einem sehr starken Chief und fähigen befohlen, das den Vorteil all seiner Nachbarn hatte da er generell zu hart gegen seine Feinde vorging.

Ewen baute für sich die Festung Torcastle, nicht auf dem eigentlichen Land, aber sehr in der Nähe, auf einer Stelle, wo es ein Wohngebäude oder eine Burg schon vor hundert Jahren gegeben hatte, möglicherweise seit den Tagen von Banquo, Thane of Lochaber.

Tor Castle

Bisher hatten die Chiefs des Klans ihren Hauptwohnsitz auf Eilean nan Craobh, einer der kleinen Inselchen in Locheil, gegenüber vom Ufer von Corpach.

Ewen wurde in die große Clanranald Fehde verwickelt, zwischen John Moidartach, Chief von Clanranald, der seinen Titel gegen Ronald Gallda, dem rechtmäßigen Antragsteller, veteidigte.

Ewen unterstützte John Moidartach, und die Camerons stritten neben den MacDonalds bei der Schlacht von Blar na leine 1544. In dieser Schlacht, die beim Kopfe des Loch Lochy bekämpft wurde, wurden Ronald Gallda 's Anhänger, die Frasers assistierend von den Grant, beinahe vernichtet.

Die Schlacht bekam den Namen Blar na leine oder die Schlacht der Hemden, da es an diesem Tag sehr heiß war, kämpften sie in ihren Hemden. Die MacDonalds und die Camerons, die durch ihren Sieg profitierten, führten die meisten erfolgreichen Überfälle auf die Grant und Fraser Ländereien (bekannt als der Überfall von Urquhart) wodurch die Lochaber Männern unglaublich reich wurden und gefürchtet waren.

1546 ...Macintosh, mit der Handlungsfähigkeit von Steward of Lochaber, verband sich mit Huntly und Beschmutzte das Cameron Land. So wurden Lochiel und Donald, der Sohn von Donald Glas of Keppoch, als Ergebnis, dass sie gegen die Machenschaften des Grafen von Lenox verwickelt waren, und für die Schlacht von Blar na leine und dem Überfall von Urquhart, für schuldig gesprochen, geköpft, und ihre Köpfe, über den Toren von Elgin in Huntly 's Land aufgespießt wurden.

So starb Ewen MacAllan, auf viele Weisen eine der größten Cameron Chiefs. Er legte die Fundamente von dem, was schließlich die Lochiel Ländereien und Güter wurden, die wir heute kennen... Macintosh selbst lebte nicht lang genug, um seinen Triumph über die Camerons zu genießen.

Drei Jahre später fiel er selbst von Huntly verpestet, und wurde durch Falschaussage der Verschwörung gegen das Leben des Grafen hingerichtet.

Ewen Beag (XIV Chief) wurde Chief des Clans nach der Hinrichtung seines Großvaters, und erbte nur Schwierigkeit. Die Lochiel Länder waren verpfändet worden und gehörten nun zu Huntly, einschließlich des " Fortalice von Torcastell, " Glenloy und Locharkaig. Die Lochalsh und die Lochcarron Länder waren verpfändet worden und waren beziehungsweise zu Grant of Culcabock und Grant of Freuchie als "Zufriedenstellung gewährt worden, " das heißt, die Grant für ihre Verluste im Überfall von Urquhart zu entschädigen. Er (Ewen) hatte einen Sohn, Donald M'Ewen M'Conell, der in den Annalen des Clans als " Taillear dubh na tuaighe " bekannt wurde,-"The Black Tailor of the Axe".

Einige sagen, daß Ewen seinen Tod durch die Hände von Huntly bekam, aber Balhaldie erzählt die traditionelle Geschichte von der Geburt von Taillear Dubh und dem Tod von Ewen:

" Von ihm Ewen Beag, finde ich nichts Denkwürdiges außer seinem unglücklichen Tod; in seinen jüngeren Jahren war er entzückt von einer Tochter des Laird of MacDonald (M'Dougall) er fand die Dame so gefällig, daß sie ein Kind von ihm bekam. Der Vater verbarg seinen Ärger, und bestellte raffiniert Lochiel zu einer vertraulichen Unterhaltung auf die Insel-Nacloich (sic), wo sich vorher ein paar Männer versteckten, als er es ablehnte, sie zu heiraten, ließ er ihn in der Burg von Inch-Connel, in Lochow, einem Frischwasser See, weit entfernt von Lochaber einsperren. Zu der Burg hatten seine Freunde keinen leichten Zugang, wegen der Schwierigkeit nur mit Booten da hinzugelangen. Sobald die Nachrichten in Lochaber ankam, leitete sein Clan, alles in die Wege ihn zu retten.

Sein Pflegevater, " Martine M'Connochey von Lattir Finlay, der " Chief von den " M'Martins, " ein alter und zahlreicher Stamm der Camerons, übernahm selbst die Führung der gewählten Männer, und übernahm langsam die Burg. Lochiel spielte währenddessen Karten mit seinem Aufseher oder Gouverneur, mit dem Namen MacArthur, und war als seine Befreier näher kamen so überglücklich, dass er überhastet mehr Lärm machte, als die Angreifer, und deckte dadurch die Befreiungsaktion auf, das er teuer bezahlte. Für MacArthur, seine Eigene und die Verstimmung seines Meister zufriedenzustellen, löschte sofort die Lichter aus und, beim Stoß seines Dolches oder seines Messers unter den Tisch, der zwischen ihnen stand, verwundte ihn im Bauch. Seine Befreier hetzten inzwischen in den Raum, trug ihn sofort zu ihren Booten, wo er in dieser eiskalten Nacht, sich ein Ruder nahm, um sich durch beim Rudern aufzuheizen. Aber als er sich nach dem Ruder streckte, wurde ihm erst klar, dass er verwundet wurde, was danach seinen Tod forderte. Nach der Landung legten ihn seine Befreier, ins Bett, und gingen zurück zur Burg um seinen Tod, an MacArthur und all seinen Männern, zu rächen.

Ewen Beag, der keinen rechtmäßigen Erben hatte, wurde erfolgreich von seinem Bruder Donald Dubh (XXV Chief), 1553 ersetzt. Als Königin Mary (Mary, Königin der Schotten) nach Schottland kam, gewährte sie die Moray Grafenwürde ihrem Stiefbruder, Sir James Stewart.

Dies war zu viel für den mächtigen Huntly, der dadurch rebellierte.
Er und seine Vasallen trafen die Streitmächte der Königin bei der Schlacht von Corrichy 1562 und wurde besiegt... Donald Dubh führte seinen Clan mit den Streitmächten der Königin gegen Huntly im Jahr 1564 und wurde belohnt. Die Königin gewährte ihm einen Freibrief ...für die Ländereien von Letterfinlay, Stronnabaw, und Lyndalie, ehemals gepfändet und gehalten von George, Graf von Huntly.

Diese waren die MacMartin Ländereien zur Ost Seite vom Loch Lochy, die Donald Dubh 's Großvater im Jahr 1535 von Huntly bekam, aber 1546 wieder abgenommen wurden, als Ewen Allanson hingerichtet wurde.

Donald Dubh heiratete eine Tochter von Hector Mor Maclean of Duart. Es gibt ein Rätsel zu seinem Tod; Gregory erklärten, dass Donald von seinen eigenen Stammesmitgliedern ermordet wurde, und es sogar Beweise gibt, daß dies der Fall gewesen ist. Mit Donald Dubh 's Tod oder Ermordung im Jahr 1569, fiel der Clan in einen Staat von Anarchie während der Minderjährigkeit von Allan, seinem Sohn, und der Frieden, auch etwas unruhig, wurde erst wiederhergestellt bis Allan 1577 Chief wurde.

Allan (Allan MacDonald Dubh-XXVI Chief) war ein Kind, als sein Vater starb oder 1569 ermordet wurde, und die Führung des Klans ging auf seine Tutoren über, seine Großonkel Ewen Cameron von Erracht, und John Cameron von Kinlochiel, beide jüngere Söhne von Allan 's Urgroßvater Ewen MacAllan oder Allanson, von seiner zweiten Frau Marjory Macintosh. Die Tutoren scheinen, unpopulär gewesen zu sein, sowie ein großer Teil des Clans. Das Vertrauen seiner Tutoren war so klein, daß der junge Allan zur Sicherheit auf die Isle of Mull geschickt wurde, zu seinem Onkel, Hector Og Maclean von Duart. Später wurde seine Ausbildung Sir Herrn John Cameron, Minister von Dunoon, anvertraut. Die Tutoren, insbesondere Erracht, der ältere, sagte, dass er den Besitz von Lochiel genommen habe und ihn behandelt habe, als ob er sein Eigener war. Erracht beanspruchte den Chief-Titel in der Tat für sich. Sie traten eine Zustimmung mit ihren Verwandten den Macintosh hinsichtlich der bestrittenen Ländereien, die so Nachteilig für die Interessen des Clans waren, dass sie gezwungen waren, diese abzulehnen. Der Zorn der Macintoshs machte sie so unsicher, dass sie, Taillear Dubh um Hilfe baten, der Sohn von Ewen Beag of Lochiel, einem sehr engem Verwandtem vom jungen Allan, und einem Mann von großer Begabung und Vermögen, dem der größte Teil des Clans vertraute und unterstützte. Taillear Dubh und seine Männer trafen die Erracht Gruppe, die von Ewen of Erracht 's Sohn, Donald Dubh M'Ewen, bei der Burg von Inverlochy

15

geführt wird; da wo Donald Dubh von einigen Männern der Taillear 's ermordet wurde. Er (Taillear Dubh) nahm den Befehl des Clans bis Allan, zurückkam und um selbst zu befehlen.

Donald M'Ewen M'Connell oder Donald MacEwen Bhig, bekannt als der Taillear Dubh na Tuaighe, war einer der buntesten Gestalten des Clans. Als Kind wurde er von der Frau eines Schneiders, der bei Blar na cleireach lebte, in der Nähe von Lundavra, genährt. Später wurde er von MacLachlan von Coruanan, Chief von einem Stamm, die Verbündete von Lochiel waren, erzogen.

Er wurde Experte in der Führung von Waffen, und das Führen der Lochaber Axt, seiner Lieblings Waffe. Er wuchs auf, als tapferer und umsichtiger Mann der für seinen Witz und seinen Sarkasmus berühmt war.
Während des Interregnums von acht Jahren (15691577/8) gibt es viele Legenden und Geschichten betreffend die Eskapaden vom Taillear Dubh und seiner eingefleischten Feindseligkeit zu den Macintoshs. Im Jahr 1577/78 kam Allan zurück, um die Führung des Clans zu übernehmen, aber es war nicht bevor 1585, dass der letzte Rebellen Führer seinen Tod fanden als John Cameron von Kinlochiel bei Dunstaffnage bei der Anstiftung von Argyll hingerichtet wurde. Als Grüße an Taillear Dubh, gab es eine Tradition, dass er nach Cowal ging und sich in Stratheachaig niederließ.

Seine Nachkommen nahmen den Namen von Macintaillear, später änderte er in Taylor, doch viele mit dem Namen in Cowal sind richtige Camerons. Sie waren als Clann an Taillear Dhuibh Chamronaich gekannt, und es scheint einen kleinen Zweifel zu geben dass die Cowal Familien von Taylor behaupten Nachfahren von Donald MacEwen Bhig zu sein.

Einige Jahre nachdem Allan die Führung des Clans übernommen hatte, investierten die Grants Macintosh mit den Ländereien von Lochalsh, die den Camerons gehört hatten, die aber den Grants als Entschädigung für die Verwüstungen vom " Überfall von Urquhart " 1546 übertragen wurden. Dies wurde von den Camerons sehr übelgenommen, doch was folgte war noch schlimmer. Im Jahr 1598 bewilligte eine Kommission Huntly, Macintosh, Grant of Freuchie, und andere, zur Ergreifung von Lochiel und allen Chiefs der Clans für verschiedene Verbrechen die sie begangen haben sollen. Die Kommission war erfolglos, und zwei Jahre später forderte Allan, Huntly heraus wahrscheinlich, weil Huntly in dieser Zeit in Feindschaft mit Macintosh und den Grant war. In einem Vertrag datierend 1590/91, stimmte Huntly zu, Allan den vollen Besitz seiner Ländereien zu überlassen, und Allan stimmte ein, ihn mit all seiner Stärke und seinen Ressourcen zu unterstützen. Allan wurde konsultiert und gab bekannt was mit den Ländereien aller Huntly 's gemacht wird. Als Ergebnis drangen die Camerons in die Ländereien der Macintoshs und Grants ein und tötete " XLI of Macintoshs und XXIII Pächtern der Grants, und verletzten den Laird of Balendalough ".

Andere Schlachten folgten, wo bei einer fünfzig Camerons, getötet wurden. So war Lochiel, ein Protestant, auf der Seite von Huntly, der große katholische Adlige, der bei der Schlacht von Glenlivet, wo ein Bund von Argyll, Atholl, den Forbeses und den Macintoshs von Huntly und seinen Anhängern besiegt wurde.

Obwohl (Huntly) in den Gunsten des Königs war, musste James ihn in Ehrerbietung zur populären Forderung für Vergeltung durch die presbyterianische Interessengruppe bestrafen, so dass Huntly nur ein bisschen durch seinen Sieg gewann, und musste zeitweilen für ein paar Jahre ins Exil gehen. Während der Zeit wo Huntly im Exil war und dadurch viel Verlust hatte, sah sich Lochiel selbst als Rebell doch ohne Schutz und Rückendeckung.

Lochiel 's Ländereien wurden an den Höfling, SirAlexander-Hay verschenkt. Hay teilte sie aufwärts und verkauft den Hauptteil die Lochiel Seite an Hector Maclean von Lochbuie ...kein Verkauf konnte weniger willkommen gewesen sein! Der Rest des Gutes ging zu verschiedenen Erwerbern... Lochiel gab nach und machte keine Schritte, um seine Ländereien durch Macht

wiederzubekommen, sondern sicherte sich die Freundschaft der benachbarten Chiefs. Lochbuie verkaufte seine Rechte der Lochiel Ländereien an Argyll... und er war bereit, Lochiel zu erlauben,
die Lochiel Ländereien in Anspruch zu nehmen, unter seiner Aufsicht, mit der Bedingung daß Lochiel ihm das Geld zahlte, das er, Argyll, an Lochbuie gezahlt hatte! So zwang Argyll praktisch Allan, sein eigenes Land zurück zu kaufen!

Huntly, vor seinem Verlust, hatte beinahe Kontrolle vom ganzen Lochaber gehabt und war Vorgesetzter von allen Cameron Ländern gewesen. Jetzt war es Argyll, der die ganzen Cameron Ländereien westlich vom Fluß-Lochy kontrolliert, was ihm gar nicht gefiehl. Es ist schon erzählt worden, daß es einen Spalt im Clan für eine Zeit gegeben hatte. Huntly, der dieses wahrnahm, nutzte es aus und stiftete Alister Cameron von Glennevis und anderen an und versprach ihnen feudale Unabhängigkeit von Lochiel. Lochiel musste seine Autorität um jeden Preis für die Loyalität seiner Stammesmitglieder beteuern die kein König oder Regierung ihm übertragen konnte. Er arrangierte eine Versammlung mit seinen treulosesten Stammesmitgliedern, aber er sah Verrat, und machte den folgenden Plan. Er sollte sich mit ihnen und einigen Männern treffen, um Bedingungen zu diskutieren, aber 120 seiner bewährtesten Verbündeten würden in einem nahegelegenen Holz versteckt werden. Wenn Verrat beabsichtigt würde, und er überfallen werde, seine kleine Armee würde hastig zurückweichen, und das war das Zeichen für seine Männer, den Feind von Hinten anzugreifen. Der Plan funktionierte zu Vollendung, und sechzehn der Anführer, einschließlich Alister von Glennevis und John Bodach von Erracht starben durch das Schwert.

Macintosh erhielt eine neue Vollmacht, um Lochiel sowie Keppoch und sein Sohn zu ergreifen ...da Macintosh, die Unterstützung des Königs hatte, und die war mächtiger als die Argyll gewährt worden war, für die Unterdrückung des Clans Gregor. Lochiel, mit dem Wissen, dass Huntly es übelnehmen würde, dass so viel Macht, in die Hände von Macintosh gesetzt

wird, dachte, dass die Zeit für das Verhandeln mit Huntly reif war. Lochiel wurde gezwungen, Lord
Gordon 's Rechte vom Besitz anzuerkennen, sein
Sohn John Cameron sollte den Mamore Teil der Ländereien als sein Vasall halten. Zu dieser Zeit standen die Camerons ihrer gefährlichsten Situation für die letzten hundert Jahre gegenüber. Sie hatten keine wirksamen Freibriefe für die Ländereien, denn die kamen direkt von der Krone.
Argyll war der virtuelle Besitzer all ihrer Länder westlich vom Loch Lochy, außer für Glenloy und Locharkaig, die als Hypothek von den Macintoshs festgehalten wurden. Lord Gordon, Huntly 's Sohn, besaß alle Ländereien im Osten, außer jenen, die von John Cameron als sein Vasall gehalten wurden. Für all dies war Lochiel gezwungen worden, um seinen Klan von äußerer Zerstörung zu bewahren.

Inzwischen war Lochiel 's Sohn, John Cameron, im Tolbooth von Edinburgh als Pfand für seinen Vater, für die Macintoshs Anstiftung, inhaftiert worden. Seine Inhaftierung im Tolbooth beeinflusste seine
Gesundheit, und seine Freunde schafften es sich in
Edinburgh auszubreiten. In dieser Zeit starb
Macintosh, doch sein Erbe war minderjährig, wessen
Angelegenheiten deshalb von Sir John Grant of Freuchie gehandhabt wurden. Da Sir John kein besonderes Interesse an der großen Macintosh Cameron Fehde hatte, und zu dieser Zeit nicht in
Feindschaft mit den Camerons war, traf sofort Vereinbarungen, um wenigstens vorübergehend den alten Streit zu flicken.

Der Besitz der bestrittenen Ländereien wurden als Entscheidungsinstanz gesetzt, und obwohl die
Entscheidung der Schiedsrichter für die Gunst der
Macintoshs war, besetzten die Camerons die Ländereien, aber es ermöglichte Allan, seinen Frieden mit der Regierung zu schließen. Sir John befreite auch den armen John Cameron aus dem Gefängnis, und versorgte ihn in seinem eigenen Haus bis der Zeit, wo er zu seinem Vater zurückgehen konnte.

Allan Cameron of Lochiel wurden schließlich für all seine vergangenen Missetaten im Jahr 1624 begnadigt, und von dieser Zeit an, war der Chief und sein Clan in Frieden außer einigen kleinen Überfällen und Störungen. Der wichtigste in dieser Zeit war der Zweite Überfall von Moyness im Jahr 1645. Allan muß ein sehr alter Mann gewesen sein und muss wahrscheinlich ein bisschen damit zu tun gehabt haben.

Die Camerons nahmen nämlich eine große Anzahl von Vieh von den Ländereien der Grants of Moyness in Morayshire. Allan MacDonald Dubh starb im April, 1647, nach dem, was nur als ein langes und stürmisches Leben beschrieben werden kann. Er war ein sehr alter Mann, denn er wurde 85 Jahre alt.

Es gibt ein fest eingebautes Denkmal von diesem großen Chief des Cameron Clans in Achnacarry, an der Wand der Diele hängt sein Großes Schwert oder Claidheamh Mor. Auf einer Seite der Klinge ist sein Name eingraviert-" Allan Camron von Lochell, 1588 "; auf der anderen Seite die Legende-" Spero Dum Spiro ". Welches bessere Motto für diesen Mann von Taten, der ständig von seinen gierigen und mächtigen Nachbarn bedrängt wurde, er wurde geächtet; wurde vom König verleumdet, dem er immer eifrig diente, seines Vermögens beraubt, entwickelte er furchtlosen Mut und Scharfsinn, um seine Missgeschicke zu seinem Gewinn zu drehen.

Mit dem Tod von Allan MacDonald Dubh, verschwanden für den Chief und der Klan, die Fehden, das wilde geächtete Überleben um gegen habgierige Nachbarn zu streiten, dann ein hin und her schleudern zuerst von Huntly, dann von Argyll, aber immer mit dem Behalten ihres unsicheren Griffes auf den bestrittenen Ländereien, der genaue Kern von Camerons patriarchalisches Erbe. Es war eine Leistung, auf die sie stolz sein können.

Mit der Erbschaft von Ewen Dubh (siebzehnte Chief), Allan 's Enkel, steuerten sie zusammen, er und seine Stammesmitglieder, auf einer viel adligeren Ära ein.

Ewen Cameron wurde 1629 in der Kilchurn Burg,

Lochawa, die Heimat seiner Mutter, Margaret, Tochter von Sir Robert Campbell of Glenorchy geboren. Sein Vater, John Cameron, wessen Gesundheit wegen seiner langen Inhaftierung gelitten hatte, starb ungefähr im Jahr 1635. Sein Großvater, Allan, Held vieler Schlägereien, war Chief vom Clan, aber zu alt, um seinen Enkel zu erziehen, deshalb wurde Ewen aufs erste zu seinem Pflege Vater, Duncan MacMartin von Letterfinlay, gebracht und später zu seinem Onkel, Donald Cameron von Glendessary. Als Ewen 12 war, legte Argyll Hand an, in seine Ausbildung. Beide als feudale Vorgesetzte und als Verwandte bestimmten, dass er aufwärts in eine freundliche Atmosphäre gebracht werden sollte, und des Teufel Lohn, ihm eine ausgezeichnete Ausbildung in Inveraray unter der Gebühr eines besonderen Lehrers gaben. Diese waren mitreißende Tage in Schottland.

Es war der Vorabend des Bürgerkrieges. Argyll sollte die Covenant Armee (Covenantes = schottische Adelige und Bürger); und Montrose die Armee des Königs anführen.

Die erste Wirkung des Krieges auf den jungem Ewen war die große Schlacht von Inverlochy im Jahre 1645, als der Chief des Clans, der alte Allan Cameron, mit beinahe 90 Jahre Alter, obwohl unfähig, selber zu bekämpfen, schickte 300 Camerons zu Montrose 's Armee, und, einige sagten, er warnte Montrose von Argyll 's Gegenwart bei Inverlochy, und arrangierte für die Anführer der Armee, geheime neben kaum bekannten Pfaden eine Position zu erwärmen, von der sie , (am erfolgreichsten) Argyll 's Streitmächte angreifen konnten.

Nach der katastrophalen Schlacht von Philiphaugh, der in der Niederlage von Montrose und dem Sturz der Königlichen Sache in Schottland resultierte, ging Argyll, der von Ewen begleitet wird, zu St. Andrews, um einer Versammlung der Ländereibesitzer beizuwohnen, die stattfand, um die royalistischen Häftlinge zu untersuchen und zu verdammen, Ewen besorgte sich Zugang zu einigen der Häftlinge ohne das Wissen seines Vormundes.

Diese Männer, die ihr Schicksal mit ruhigem Mut erwarteten, hatten eine tiefgründige Wirkung auf den jungen Mann.

Der nächste Tag, mit Argyll, sah er die Hinrichtung der Häftlinge mit Ekel und Horror. Wenn der Anblick beabsichtigt wurde, ihn zu erschrecken oder seine Unterstützung für die Covenanter sicherzustellen, war es sichtbar erfolglos; von diesem Tag an wurde er Royalist, und von dieser Auswahl schwenkte er nie zurück.

Im Jahr 1647, im Alter von 18 Jahren, als sein Großvater starb, verliess er Argyll 's Vormundschaft, um zu seinem Clan und seinem eigenen Land zurückzukehren. Die Camerons empfingen ihn mit universalem Jubel am Tag, als sie ihn trafen. Die erste Verpflichtung, die von Lochiel beim Übernehmen der Führung des Clans ausgeführt wird, war gegen seinen Nachbarn Keppoch der dachte, er hätte eine Vereinbarung mit einem unreifen Jugendlichen und lehnte es ab die Jahresrente einer Hypothek an Lochiel zu zahlen. Ewen nahm mehrere Hundert seiner Stammesmitglieder und marschierte auf Keppoch, der, die Entschlossenheit der Camerons sah und dass sie gut geführt wurden, betrachtete Diskretion als den besseren Teil von Tapferkeit und regelte die Sache gütlich.

Im Jahr 1650 bekam er einen Brief von König Charles II, der ihn herbeiruft, seinen Clan zu vereinen und sich der königlichen Armee bei Stirling anzuschliessen. Er erfuhr einige Schwierigkeit beim Vereinen von genügend Männern da viele seiner Stammesmitglieder, unter Argyll 's und Huntly 's Regeln lebten und nicht unter seinen eigenen ...und hoffte, dass er eine Vollmacht bekam, um seinen Klan zu vereinen, egal wo sie lebten. Es war im Frühling von1652, bevor er in der Position war, um Lochaber zu verlassen.

In dieser Zeit hatten die Schotten die Schlacht von Inverkeithing verloren, und Charles war mit seiner Armee auf dem tödlichen Marsch nach Worchester unterwegs. Vielleicht glücklicherweise wurde Ewen nicht in diese Ereignisse verwickelt und entkam so dem Schicksal von vielen von Charles schottischen Soldaten; Tod oder Inhaftierung.

Im Jahr 1652 führte er seinen Clan, um sich der Armee des Grafen von Glencairn anzuschließen, um im Osten des Hochlandes gegen Cromwells
Besatzerarmee zu kämpfen. Glencairn hatte sein
Lager bei Tullich in Braemar, und er gab den Camerons die Ehre als Vorposten der Hauptarmee zu fungieren.

Ewen nahm eine ausgezeichnete Stellung in einem steilen Paß, der den Zugang vom Feldlager der Hauptarmee überwachte. Den nächsten Tag berichteten seine Pfadfinder die Näherung der englischen Armee, und Ewen, der die Situation richtig abgeschätzte, benachrichtigte Glencairn, der viel Zeit hatte, um seine Truppen in einer fast uneinnehmbaren Position hinter einem Morast zu verlagern, wo die englische Kavallerie ihn nicht überfallen konnte.

In Zwischenzeit war es Lochiel wichtig, die englische Vorhut aufzuhalten, denn der Paß war so schmal und steil, dass Colonel Lilburn, der englische Kommandant, seine Streitmacht nicht verteilen konnte, und Lochiel fähig war, dem Feind, schwere Verluste zuzufügen ohne selbst viele zu erleiden, und hielt so viele Stunden die englische Streitmacht auf.
Schließlich bekam er den Befehl, zum Rückzug um wieder Glencairn's Armee zu unterstützen. Er zog seine Männer zurück mit großer Fähigkeit und wenigen Ausfällen, und wurde von seinem Kommandanten auf seiner Rückkehr beglückwünscht. Der Erfolg dieser Handlung legte die Fundamente seines Ruhmes als militärischer Führer, und er gewann die Zuversicht und die Hingabe seiner Stammesmitglieder. Für seinen hervorragenden Dienst bekam er ein Empfehlungsschreiben von König Charles...

Ewen und der Clan nahmen an mehreren anderen Kämpfen und Gefechten teil, während er Glencairn diente, bis 1654 General Middleton den Befehl der königlichen Streitmächte übernahm. In diesem Jahr befehligte die englischen Armee General George Monk, dessen Politik war Middleton 's Streitmacht im Hochland zu stoppen, wo Nachschub von Essen,

Munition und Geld, äußerst schwierig war. Middleton 's Streitmacht fingen allmählich an, zu zerfallen, und wirksamer Widerstand nahm ein Ende. Monk wurde zum Gouverneur von Schottland ernannt, und als Teil seiner Politik für das Hochland plante er, Forts bei verschiedenen strategisch wichtigen Punkte zu errichten, das Fort, das die Camerons betraf lag bei Inverlochy, mit der bestimmten Absicht die Lochaber Clane zu kontrolieren. Lochiel und Middleton landeten bei Inverlochy und errichteten ihre Befestigungen ohne Widerstand.

Die Camerons wurden überrascht, aber Lochiel eilte zurück nach Lochaber, entschlossen, die Besetzung vom Fort so kostspielig wie mögliche zu machen. Als Lochiel sah, wie weit die Arbeit auf dem Fort fortgeschritten waren, erkannte er, dass ein Angriff nicht in Frage kam. Er verließ deshalb seine Stammesmitglieder mit 32 seiner tapfersten jungen
Krieger als Leibwache, und nahm Quartier in der Nähe von Achdalieu und warteten auf ihre Chance. Er hatte Spione, die im Fort arbeiten, und informierte ihn von den Bewegungen der Garnison.

Eines Tages sendete Colonel Brayne (oder Bryan), ein Kommandant des Forts, ein Arbeitstrupp los und man beschloss die 138 Mann zu überfallen. Eine lebhafte Schlacht folgte. Die Engländer, die zu früh ihre Musketen abgefeuert hatten, waren unfähig sie neu zu beladen, bevor die Camerons bei ihnen waren. Ihre plumpen Musketen waren kein Hindernis für das breite Schwert und dem Targe, und die Camerons, obwohl sie zahlenmäßig unterlegen waren, schlugen die Soldaten in die Flucht.

Lochiel wurde von seinen Männern getrennt und fand sich einem englischen Offizier gegenüber, der beschämt von der Niederlage seiner Männer, beschloss ihn zu töten. Balhaldie beschreibt den Kampf so:

" Der Kampf war lang und zweifelhaft; beide kämpften um ihr Leben; beide waren, von der gleichen Wut und dem Mut belebt worden, es schien, dass sie, ihre Schwerter mit der gleichen Geschicklichkeit leiteten. Der englische Gentleman hatte mit

Abstand den Vorteil in Stärke und Größe, aber Lochiel, der ihn in Gelenkigkeit und Behändigkeit übersteigt, schlug ihm am Ende das Schwert aus der Hand. Aber ihm wurde nicht erlaubt, diesen Vorteil zu nutzen; denn sein Gegner, der sich mit unglaublicher Schnelligkeit auf ihn warf, und beide zu Boden fielen. In dieser Haltung, kämpften sie, und purzelte auf und ab, bis sie im Kanal eines Baches lagen, zwischen zwei Wällen die, durch die Trockenheit des Sommers trocken waren.

Hier war Lochiel in einer tristen und verzweifelten Situation; er lag unten und wurde nicht nur unter dem Gewicht seines Gegners zerdrückt (es war ein äußerst großer Mann), aber ebenso wurde er verletzt durch die vielen scharfen Steine, die unter ihm waren. Ihre Stärke war so erschöpft, daß keiner von ihnen ein Glied rühren konnte, aber der englische Gentleman, durch den Vorteil, dass er oben lag, fand bei letztem die Verwendung seiner rechten Hand wieder. Damit packte er einen Dolch, der an seinem Gürtel hing, und machte mehrere, versucht, seinen Gegner zu erstechen, der ihn die ganze Zeit festhielt; aber durch die Enge der Stelle, wo sie eingesperrt wurden, und die Haltung, in der sie in waren, war die Ausführung sehr schwierig, und fast unmöglich, während er eine gewaltsamste Anstrengung machte, sich zu lösen; und in dieser Handlung seine Kopf hob um seinen Hals zu strecken,

bekam Lochiel durch dieses seine Hände frei und packte ihn plötzlich mit seiner Linken packte er ihn rechts und mit der anderen am Kragen, und näherte sich seiner ausgestreckten Kehle, und sagte: ' Gott legt es in meinen Mund ', und biß sie durch! Dieses, sagte er, war der süßeste Biß in seinem Leben "! Wahrscheinlich kurz vor diesem baute Lochiel sein neues Haus Achnacarry. Die Tatsache ist, daß er seine Heimat Torcastle in der Nähe von der Garnison bei Inverlochy unbequem fand, deshalb entschied er sich, daß ein Wohnsitz in einem entfernteren Teil seines Landes sicherer wäre. Buchanan von Auchmar, im Jahr 1723 beschreibt das Haus so, " Lochiel 's Haupt Wohnsitz ist Achnacarry in Lochaber, ein großes Haus, gebaut aus Fichtenholz, das hübscheste dieser Art in Britannien ".

Nach Oliver Cromwell's Tod 1658, bewies sich sein Sohn Richard Cromwell als unfähig seinem großen Vater in der Regierung von England nachzueifern, beim Kontrollieren der rivalisierenden Generäle und ihren Verfolger.

General Monk führte seine Armee deshalb südlich von London, ohne einen ernsten Widerstand, und die Engländer, die ein Parlament gewählt hatte, luden Charles ein, ins Land zurückzukommen. Im Jahr 1660 wurde der Thron von Schottland wiederhergestellt und er bestieg den Thron von England als König Charles II.

Im September, 1665, Sachen spitzten sich einige Sachen zu. Macintosh, mit 1500 Männern vom Clan Chattan und ihre Anhänger, drangen in die bestrittenen Länder ein, und nahmen eine Position ein nördlich vom Fluß-Arkaig, was jetzt als Caig Parks bekannt ist. Lochiel, der reichliche vorgewarnt wurde, nahm seinen Clan, und mit der Hilfe von den Glencoe's Männern und einigen vonMacGregor, und stand ihm mit 1000 Männern auf der Achnacarry Seite des Flusses bei einer Stelle, die zu dieser Zeit Fords of Arkaig genannt wird, gegenüber. Eine Schlacht, die alle Cameron-Macintosh Schlachten zu beenden schien stand nahezu bevor. John Campbell, Glenorchy 's Erbe, der später, Graf von Breadalbane wurde, erschien am Schauplatz mit 300 Kriegern seines Clans, und machte es ganz verständlich, dass er auf die Seite von welchem Clan käme, der zuerst angegriffen wird, er dachte sich aus, Macintosh dazu zu bringen, den gleichen Bedingungen zuzustimmen, als er zwei Jahre vorher abgelehnt hatte. Am 19 September marschierte " Macintosh bis nach Clunes, wo ein Vertrag vorgelesen und von beiden Parteien unterschrieben wurde, worin Macintosh sich verpflichtet, seinen Ländereien von Glenluie am Loch Arkaig an Lochiel zu verkaufen, ...

Am 20. September 1665, Lochiel, überquerte das Wasser von Arkaig, wo Macintosh und er (24 Männer auf jeder Seite) sich auf den Ländereien von Clunes trafen, und tranken zusammen in freundlichen Art, in einem Zeichen perfekter Versöhnung, tauschten ihre Schwerter, und so verschwand, in aller Wahrscheinlichkeit nach all dieser Zeit, die alte Fehde, die mit großem Hass und Grausamkeit, von ihren Vorfahren vor 360

Jahren anfing. So endete die große Fehde zwischen den zwei Clanen; die blutigste Fehde, die es je im Hochland gab, eine Fehde, die fast ununterbrochen 360 Jahre gedauert hatte! Die Zustimmung wurde am 20 September, 1665, unterschrieben. Es wurde gesagt, daß kein Cameron je eine Macintosh Hand geschüttelt hatte, bis an diesem Tag.

Im Jahr 1682 war Lochiel in Edinburgh, wo er das Glück hatte, Seine Königliche Hoheit zu treffen, den Herzog von York. Balhaldie erstattet einen Bericht über das Treffen. Nach den Komplimenten des Herzogs für das erfolgreiche Ergebnis bei den Angelegenheiten mit Macintosh bat er um Lochiel 's Schwert, und versuchte, es zu ziehen, " aber es ging nicht, das Schwert, war etwas rostig, und ein klein wenig abgenutzt, ein Schwert das die Highländer so nie in ihrem eigenen Land verwendet hätten". Der Herzog, nach einem zweiten Versuch, gab es zu Lochiel mit dem Kompliment " zurück, dass sein Schwert so nie sein soll, wenn die Krone seine Dienste bräuchte ". Lochiel zog das Schwert selbst und gab es zum Herzog zurück, der ihn daraufhin adelte.

Unglücklicherweise, wurden die Camerons wieder in die alte Fehde zwischen Macintosh und Keppoch verwickelt. Sir Ewen war weg in London, als Keppoch seine Freunde und seine Nachbarn, die Camerons, um Hilfe rief. Die MacDonalds besiegten die Macintoshs bei der Schlacht von Mulroy (1688), die letzte bedeutende Clan-Schlacht in den Hochländern. Eine Verfügung wurde für Sir Ewen 's Verhaftung ausgestellt, während er in Edinburgh war, denn er wurde für die Handlung seines Clans verantwortlich gemacht, und es war bekannt, daß Keppoch Macintosh nicht ohne die Hilfe der Camerons besiegen konnte. Lochiel beschloss, die Verhaftung zu vermeiden, und wandte ihm eine typische List an. Er besuchte einen Freund im Tolboth, die letzte Stelle, wo seine Feinde ihn suchen würden, und da der Chef der Verwaltung ein Cameron war, assistierte er seinem Chief, die Stadt verlassen zu können. In keiner Zeit war er sicherer als inmitten seines eigenen Klans in Lochaber.

1689 luden mehrere der wichtigsten Männer in England, William of Orange ein, der die Tochter Mary von König James heiratete und Protestant gewesen war, um König von England zu werden. König James war römisch-katholisch, und sie befürchteten, daß er den römischen Katholizismus als feststehende Religion in England einführen wollte.

William of Orange landete mit einer kleinen Armee und König James, in seiner Stunde der Not floh mit Hilfe seinen Freunden nach Frankreich.

Die Highländers waren die ganze Zeit mitfühlend mit dem König, so daß John Graham of Claverhouse, Viscount Dundee, die Königlichen Standarte für
König James hob, und die meisten der Hochland
Chiefs schlossen sich, zum größten Teil durch den Einfluss von Sir Ewen zusammen. Eine Streitmacht von ungefähr 1800 Männern und einigen Pferden hatten sich Dundee angeschlossen, als er hörte, dass General MacKay Richtung Inverness marschierte.
Er beschloss deshalb ihn in der Nähe von Blair Atholl abzufangen, und, trotz der Ungleichheit in Zahlen, ihn zum Kämpfen zu bringen.

Viele der Clane, einschließlich 500 der Camerons waren nicht rechtzeitig angekommen, und Dundee befahl trozdem sie, mit aller Eile zu verfolgen. Die Schlacht von Killiecrankie (27. Juli 1689) fand statt und wurde von den Highländens gewonnen, die auf ihre traditionelle Weise kämpften, aber in der Stunde des Sieges wurde Dundee getötet. Er war sehr auf Sir
Ewen 's Rat angewiesen, seine Erfahrung im Hochland-Krieg und sein Verhalten in der Schlacht. 500 Kriegern des Clans Cameron unter Sir Ewen 's ältestem Sohn, John, und sein Cousin Glendessary, kamen erst zwei Tage nach der Schlacht an. Mit dem Tod von Dundee war die Sache von König James verloren.

Sir Ewen Cameron of Lochiel, oder Eoghain Dubh, wie die Highländers ihn nannten, war einer der größten Hochland Chiefs aller Zeit. Als Chief wurde er geliebt, verehrt und bewundert von seinen Stammesmitgliedern, die ihm immer folgten egal ob Ungleichheit oder Gefahr.

In Friedenszeit arbeitete er unaufhörlich für die Unabhängigkeit seines Clans, und für die Verbesserung von den Zuständen, unter denen sie lebten. Als ein Soldat war er für seine eigene Sicherheit ganz furchtlos. Er war ein hervorragender Planer von Guerilla Kriegsführung und grosser Füher in der Schlacht. Er verstand das Temperament der Männer unter seinem Befehl, und er wußte, wie man das Beste aus ihnen herausholt. Seine Erfahrung machte ihn zu einem weisen Berater für jenen, dem er diente. Sir Ewen starb im Jahr 1719 mit 90 Jahren.

John Cameron of Lochiel (XVIII Chief), der älteste Sohn von Sir Ewen, wurde ungefähr 1663 geboren. Sein erstes " Auftreten " auf der historischen Szene war als Führer des Clans nach der Schlacht von Killiecrankie, als sein Vater nach Lochaber zurückgekommen war. Nachdem Sir Ewen seine Ergebung 1692 machte, und ihm einen kleinen Teil der Angelegenheiten des Landes überlas, gab er vier Jahre später den größeren Teil seines Gutes an seinem Sohn John ab.

Im Jahr 1706 John Cameron, der die Gefahren richtig einschätzen konnte in der er sich befand, da er als großer Sympathisant der Jakobiter bekannt war, sah es für ratsam, sein Gut auf seinen jungen Sohn Donald umzuändern. Dies war eine weise Vorkehrung, als er später für seine Teilnahme an dem 1715 Aufstand, man sein Gut nicht verpfänden konnte, da es ihm legal nicht mehr gehörte.

Der Teil, der die Camerons in dieser traurigen Angelegenheit spielten, (Die 1715 Jakobiter Rebellion) war nicht beachtenswert. John Cameron von Lochiel hatte große Schwierigkeiten im vereinen des Clans. John Cameron marschierte, mit einem Teil des Clans um sich bei einer erfolglosen Expedition mit General Gordon of Auchintoul zu verbinden, das Campbell Land rund herum Inveraray zu plündern. Als man nichts erreicht hatte, ging die kleine Streitmacht des Generals zur Haupt Armee, die bei

Auchterarder lag und bereit war für die Schlacht von Sheriffmuir.

Man wollte John Cameron verhaften, der dadurch nach Frankreich fliehen musste.
Im Jahr 1717 zeigte König James seiner Würdigung von John Cameron 's Dienste und schuff ihm ein Peer mit dem Titel Lord Lochiel.

Der Titel scheint nicht, Anklang gefunden zu haben, oder ist in gewöhnlicher Verwendung gewesen. Das alte Sagen " Der König kann einen Herzog machen, aber keinen Lochiel " scheint geeignet zu sein.

Donald Cameron von Lochiel (XVIII Chieft), der Jüngste von Lochiel, " Junger Lochiel " wie er oft gerufen wurde, um zwischen ihm und seinem Vater zu unterscheiden, der im Exil war. Als junger Mann von 21 Jahren, übernahm er 1716 erfolgreich seine Ländereien und die Führung seines Clans. Er war ein aufgeklärter Chief, wessen Hauptinteresse die Verbesserung seiner Ländereien war, die
Verbesserung der Lebensqualitäten seiner Stammesmitglieder, und die Prägung des Viehs von benachbarten, und weiter entfernten Clanen.

Am 25. Juli, 1745, landete Prinz (Charles Edward Stuart-" Bonnie Prince Charlie ") auf dem schottischen Festland am Loch nan Uamh in Arisaig, begleitet von einer Handvoll Anhänger,; die Sieben Männer von Moidart.
Der Prinz schickte den jungen MacDonald von Scotus, um Lochiel über seine Ankunft zu informieren und rief ihn herbei, um ihn zu sehen. Als Charles Lochiel traf, war ihm völlig bewußt, dass er von seiner Unterstützung abhing, denn Lochiel war einer der einflussreichsten Chiefs und hatte ein großes Gefolge.

Der 19 August war ein besorgter Tag für den Prinzen. Wenig der Stammesmitglieder kamen zu Glenfinnan, bis er um vier Uhr am Nachmittag, die Camerons mit
Pfeifenspielern und Banner sich näherten. Lochiel 's

800 Camerons wurde eng von 300 Keppoch MacDonalds Männern gefolgt, so daß man dort schon mit Clanranald 's Männern auf 1300 Männern kam. Zwei Tage nach dem Heben der Standard marschierte die Armee ostwärts nach Kinlochiel wo der Prinz hörte, dass Königs George eine Bekanntmachung gab, und 30,000 Pfund für seine Gefangennahme ausgestellt, und sofort wurde eine

Gegenbekanntmachung ausgestellt, die die gleiche Summe für die Ergreifung der Sympathisanten der Hannover anbot.

...das Vorschreiten nach Edinburgh ging weiter, und Corstorphine wurde am 16 September erreicht.
Hier gab Lochiel Befehl, seinem Clan die Waffen bereitzuhalten, um den Moment abzuwarten in Edinburgh einzudringen. Kurz nach drei am Morgen standen Lochiel und seine Männer, bestehend aus seinem Clan, Abteilungen von Clanranald 's, Glengarry 's und Keppoch 's Regimenten, vor den Toren Edinburghs um dieses riskanten Unternehmen zu beginnen. Das Tor des Netherbow Hafens war noch fest verschlossen, als sich das Tageslicht näherte. Es sah aus, als ob der Versuch scheitern sollte, als glücklicherweise, eine Kutsche durch den Hafen kam um zu den Ställen zurückzukehren. In diesem Augenblick, geführt von Lochiel, hetzten die Highländer durch, überwältigten die Wache, stürmten in die High street, und so nahmen die Highländer Besitz von Edinburgh.

Der Prinz lagerte in Edinburgh, und seine Armee, lagerte bei Duddingston, bis zum 20 September, als die ganze Streitmacht hinausmarschierte, um die Armee von Sir John Cope zu treffen, die bei Dunbar gelandet war. Die Armeen wurden numerisch zusammengepasst, und jede Seite hatte ungefähr 2,500 Männer ...die Schlacht (Schlacht von Prestonpans) wurde von den Highländer in weniger als einer halben Stunde gewonnen. Cope's Verluste waren so hoch, dass die Highländer unbezahlbare Waffen, Vorräte und Beute...erlangten.

Der Prinz und seine siegreiche Armee kehrten nach der Schlacht von Prestonpans zurück nach Edinburgh, ruhten sich aus, und bekamen Verstärkungen, dann am 1 November begann der unglückselige Marsch nach England. Ungefähr 650 Camerons bildete Teil der Hochland-Armee, und blieb beim Prinzen während des langen Marsches nach Derby, und dem nachfolgenden Rückzug, nach allen Gefechten und Schlachten, außer der von Clifton.

Die Schlacht von Falkirk wurde am 17 Januar ausgetragen. Es war wieder wie in Prestonpans. Hawley 's sehr gerühmt reguläre Truppen flohen vor dem wilden Angriff der Highländer und dem kalten Stahl ihrer breiten Schwerter. Wenn die Chiefs fähig gewesen wären, ihre Männer nach dem ersten Schlag zu versammeln, und den Feind verfolgt hätten, der Sieg wäre von größerem Erfolg gewesen. Lochiel wurde während der Schlacht am Fuß verwundet, und sein Bruder, Doctor Archibald, der ihm assistierte, wurde von einem Schuß getroffen, der in seinen Körper stecken blieb für den Rest seines Lebens.
Keiner wurde ernsthaft verwundet, denn es verhinderte sie nicht am Teilnehmen allen nachfolgenden Ereignissen.

In März wurde den Camerons und den anderen westlichen Clanen befohlen, nach Fort-William zugehen, und versuchen, das Fort zu erobern. Als die Eroberung von Fort-William, wahrscheinlich durch das Fehlen von schwerer Belagerung-Artillerie fehlschlug, wurde der Jakobiten Streitmacht befohlen sich nach Inverness zurückzuziehen, und sich dort der Hauptarmee anzuschließen. Sie kamen zu der Zeit an, als die katastrophale Schlacht von Culloden begann.

Der Großteil der Hochland-Armee war in einem erschöpften Zustand. Sie waren zwei Tage ohne Essen marschiert; und hatten ohne irgendeine Decke bei sehr kalten Wetter die Nacht vor der Schlacht verbracht. Von unerkühlten, erschöpften hungrigen Männer konnte nicht erwartet werden, sich an der Schlacht mit irgendeiner Hoffnung von Erfolg gegen frische, gut gefütterte Truppen zu beteiligen. Als der rechte Teil der Jakobiten Armee, bestehend aus den Camerons, den Stewarts von Appin, und den Athollmen, in den Angriff ging, hielt sich der linke Teil, die aus den MacDonalds bestand, zurück.
Das Ergebnis war, daß der rechte Teil von beiden

Flanken ins Feuer genommen wurde. In traditioneller Hochland-Art, Schwert in der Hand, brachen sie durch das Regiment von Barrel und Munro, doch durch das schwere Gewehr- und Kanone-Feuer von der Front und von den Flanken, und das Feuer der zweiten Linie des Feindes wurde der Auftrieb ihres Angriffs gestoppt, bevor der linke Teil ankam. Die sehr schweren Verluste zwang sie zurückzuweichen. Die Schlacht war in weniger als einer Stunde zu Ende. Lochiel, der bis zum Kopf seines Regimentes vorrückte, war so nah an Barrel, feuerte seine Pistole, und wollte sein Schwert ziehen, als er verwundet wurde, durch Schüsse in beide Knöcheln,"

Lochiel und ein kleines Teil waren fähig, nach Lochaber zurück zu gelangen. Der Clan, mit ihren übrigen Offizieren, fand ihren Weg mit dem überlebenden Teil der Hochland-Armee nach Ruthven in Badenoch, wo sie den Befehl bekamen, in ihre eigenen Ländereien auszuschwärmen.

Die Chiefs trafen sich bei Murlaggan ...und es wurde ausgemacht, daß sie sich bei Achnacarry mit so viel wie möglichen Männern am 15 Mai versammeln.
Der Tag für den Appell wurde eine Woche verschoben, aber als der Tag kam, zeigten sich nur 200 Camerons, einige Macleans, und 120 MacDonalds. Die letzte Hoffnung von Widerstand schwand so. Am nächsten Tag, näherte sich ein starkes Aufgebot des Feindes, und am 28 Mai wurde Lochiel 's schönes Haus bis auf die Grundmauern abgebrannt.

Nach dem Zusehen der Zerstörung von seiner Heimat und seinem Land zogen Lochiel und seine Anhänger, nach Sunart ...dann zu einer kleinen Insel in Lochshiel ...und schliesslich nach Appin, dass zu dieser Zeit frei von feindlichen Trupps war. Dort wurden sie von Stewart of Ardsheal für einige Tage verborgen, bis
Lochiel und Sir Stuart Threipland veliessen um nach Brae of Rannoch zu gehen, wo sie Cluny trafen und mit ihm zu seinem Versteck im Ben Alder gingen. Es war erst der 15 August als der Prinz zurück nach Lochaber ging, wo er erfuhr, dass sich Lochiel mit Cluny im Ben Alder versteckte. Bei letztem nach

mehr als vier Monaten traf der Prinz Lochiel, der in einer sehr kleinen Sheil-Hütte in der Nähe vom Fuß des Ben Alder wohnte. Am 18 September verliess Lochiel das Cameron Land für immer.

Sie gingen nach Borrodale und schifften am 19 ten auf der Le Conti ein, etwas über fünf Monate, nachdem ihre Irrfahrt nach der Katastrophe von Culloden begonnen hatte.

Das Finale dieser tragischen Episode kann kurz angesprochen werden. Der Prinz erhielt für Lochiel den Befehl über das französische Regiment, " Le Regiment d'Albanie, " als Entschädigung für seinen

Verlust, dies behielt den Wolf von der Tür. Der

"Gentle Lochiel "starb bei Borgue (Bergues) in

Frankreich am 28 Oktober, 1748, im Alter von 53 Jahren. Kein Zweifel, sein Leben wurde gekürzt durch die physischen Strapazen, die er während der Kampagne ertragen musste, und durch das geistige Leiden, erzeugt durch sein adliges Gefühl von Verantwortung für die Leiden seiner Leute.

Von allen Camerons, die alles riskierten, für die Stuart Sache, erwartete das tragischste Schicksal Lochiel 's Bruder, Archibald. Im Jahr 1753 wurde Doktor Archie zurückgeschickt, und es kam zu einem katastrophaler Besuch.(in Schottland, betreffend der Beseitigung vom berühmten " Schatz von Bucht Arkaig ".)

Er erreichte das Hochland, und während des geheimen Aufenthalts bei Brenachyle auf Lochkatrineside ...wurde er verhaftet. Doctor Archie wurde unter dem Gesetz von Attainder angeklagt, am Aufstand sieben Jahre früher teilgenommen zu haben.

Der Doctor bekam eine Verhandlung und wurde zum Tod verurteilt.

Am 7 Juni, 1753, wurde Doctor Archie auf einem Schlitten nach Tyburn gezogen wo ein Marmornes Gewölbe steht, und umgeben einer gaffenden, aber teilnahmsvolle

Menschenmenge, traf er seinen Tod mit großer Tapferkeit und Entschluss. Er wurde 46 Jahre alt.

Donald Cameron ...wurde gefolgt von seinem ältesten Sohn John (XX Chief) ein Junge der zu dieser Zeit 16 Jahre alt war.   Im Jahre1759 kam John Cameron nach Schottland zurück.   Seine Ländereien waren noch immer gepfändet, aber er durfte, in seinem Heimatland wohnen, weil er nicht in den Aufstand verwickelt worden war. Er starb in Edinburgh 1762 unverheiratet. Sein nächster Bruder James, ein Kapitän im Königlich-Schottischen Regiment starb 1759, und wurde von seinem jüngsten Bruder Charles ersetzt.

Charles Cameron (XXI Chief) war im 30 Infantery Regiment und 1765 auf Gibraltar stationiert. Er wurde 1771 zum Leutnant befördert, und wechselte zu den 71ten oder Fraser Highländer, als dieses Regiment 1775 aufgestellt wurde. Er warb und befahl eine Kompany von 120 Männern, die von seinem eigenen Clan kamen.

Er bekam eine Pacht vom Glendessary Teil dem anliegendem Gut an die Lochiel Ländereien mit leichten Bedingungen von der Regierung, so daß offensichtlich jeder in Lochaber wußte wer er war. Als im folgenden Jahr der 71 ten befohlen wurde, nach Amerika zugehen, war Lochiel, der keine gute Gesundheit genoss, krank in London. Dort hörte er, daß seine Kompany es ablehnte, ohne ihn einzuschiffen, deshalb bestand er darauf nach Glasgow zu reisen, der Hafen der Einschiffung. Als er dort ankam, bekam er ein großes Willkommen... Lochiel starb einige Wochen später, im Jahr 1776.

Als Donald Cameron (XXII Chief, Sohn von Charles Cameron) von Lochiel, 1776 zum Chief wurde, stand ein gesellschaftlicher Aufruhr, der revolutionierenden Lebensweise im Hochland bevor.

Er wurde Nachfolger im Alter von 7, und acht Jahre später übernahm er die Lochiel Ländereien, die wir gesehen haben, von der der Krone annektiert worden waren, und ihm gegen eine hohe Geldstrafe wiedergegeben wurden. Im Jahr 1799, zur Zeit der drohenden napoleonischen Invasion, wurde Lochiel Colonel von einem Regiment von Fencibles, das im Norden von Schottland aufgestellt wurde, und " Die Lochaber Fencible Highländer" genannt wurden, da die Meisten der Männer aus Lochaber kamen, und viele von den Offizieren und den Männer seines eigenen Clans waren. Nach zwei Jahren in Irland stationiert wurden sie 1802, aufgelöst als die Gefahr der Invasion vorbei war. Ohne einen geeigneten Wohnsitz in Achnacarry zu haben, entschied sich Lochiel ein neues Haus zu bauen, mit dem er 1802 begann. Lochiel starb bei Toulouse in Frankreich in 1832.

Donald Cameron (XXIII Chief, ältest Sohn von Donald Cameron) von Lochiel wurde 1796 geboren.
Er studierte in Harrow, der erste Nachfolger der Lochiels, der dort ausgebildet wurden. Im Jahr 1814 wurde er einberufen zu den Grenadier Guards, und kämpfte mit seinem Regiment bei der Schlacht von Waterloo. Er verliess die Armee am Tag als sein Vater starb und übernahm die Ländereien 1832. Donald Cameron übernahm zu einer Zeit, als die ganze Wirtschaft seiner Ländereien sich drastisch veränderte. Als wir gesehen haben, waren die kleinen Pächter und die Bauern von großen Schaf-Bauern ersetzt worden, die eine kleine Anzahl von Schäfern beschäftigen. Von einer Bauern-Wirtschaft wechselte es in eine Hirten-Wirtschaft. Im Jahr 1837 entschied Lochiel, der keinen Wohnsitz auf seinen Ländereien hatte, das neue Achnacarry zu nehmen, mit dem 1802 sein Vater begonnen hatte. Er vervollständigte es und lebte da in den Sommer-Monaten. Lochiel starb in England im Jahr 1858, und wurde in der Heimat seiner Frau bei Hampden, Buckinghamshire, begraben.

Donald Cameron (XXIV Chief, ältester Sohn von Donald Cameron) von Lochiel wurde 1835 geboren und studierte auch in Harrow. Als junger Mann, betrat er den Diplomatischen Dienst, und wurde ernannt als 1st Attaché in Lord Elgin 's Mission in China 1857, und danach kam er in Botschaft in Berlin. Er wurde Chief am Todestag seines Vaters im Jahre 1858, und nach einigen Jahren im Ausländischem Dienst, ging er in Pension wo er in Achnacarry lebte, und seine gewaltigen Güter leitete. Im Jahr 1868 wurde er als Konservatives Mitglied vom Parlament für Invernessshire gewählt, wo er einen Sitz für die nächsten siebzehn Jahre hielt. Dieser Lochiel war das erste Chief, das Achnacarry zu seiner bleibenden Heimat machte, seit dem Tag im September 1746, als " The Gentle Lochiel " seinen letzten Blick auf die verbrannten Überreste vom altem Achnacarry „; über 100 Jahre zuvor warf.

Lochiel war einer der größten Schafs-Bauern im Norden geworden. Viele von seinen Schäfern und seinen Pirschjägern waren Camerons; praktisch alle crofters waren Nachkommen der alten Stammesmitglieder, die aus den Tälern kamen, um ihren Weg in der Schafswirtschaft während der Periode von 1800 bis 1850 zu machen. Aber der Großteil des Clans wurde überall in die Welt verstreut; in Kanada, Australien, Amerika, Europa, (Frankreich, Luxembourg), Neuseeland, und in jedem Teil von Schottland und England. Es war 1889, daß eine kleine Gruppe von begeisterten Camerons, inspiriert durch ihren angeborenen Stolz an ihre Rasse und seiner romantischen Geschichte, die Clan-Cameron-Association bildeten. Natürlich war Lochiel der Chieft.
Lochiel wurde im Jahr 1887 zum Lord Lieutenant of Inverness-shire ernannt, eine Stellung, die er bis zu seinen Tod 1905 hielt.

Donald Walter Cameron (XXV Chief, ältester Sohn von Donald Cameron) von Lochiel wurde 1876 geboren.
Wie sein Vater und sein Großvater studierte er in Harrow, und wurde 1898 einberufen ins Regiment seines Großvaters, den Grenadier Guards. Er tat seinen Dienst im Südafrika-Krieg, wo er mehrfach in der Schlacht von Belmont 1902 verwundet wird. Er wurde 1905 nach dem Tod seines Vaters Chief des Clans. Im Jahr danach heiratete Lochiel, Lady
Hermione Emily Graham, jüngste Tochter vom 5th
Herzog von Montrose, K.T., und lebten nach seiner
Pensionierung von der Armee, in Achnacarry. Im Jahr 1912 wurde Lochiel ernannt, das 3rd Bn zu befehlen, die Cameron Highländer. Einige Tage nach dem Ausbruch des Krieges von

1914 bat ihn Lord Kitchener, ein neues Bataillon aufzustellen das er persönlichen befehligen soll, und erwarb eine ganze Brigade. So kam Lochiel zurück, um sein eigenes Bataillon zu übernehmen, die 5 th, dessen Kommandant er wurde.

Am 10 Mai, 1915, schiffte das Bataillon nach Frankreich ein. Am 30 Juni gingen sie zum ersten Mal in die Schlacht, und wurden danach an allen bedeutenden Schlachten des Krieges beteiligt. Nach Loos, am 25ten September, 1916, erlitt die 5th sehr schweren Verluste, Lochiel gab seinen Befehl auf und wurde verletzt in seine Heimat gebracht.

Im Jahr 1920 wurde er Aide-de-Camp von König George V. Nach dem Krieg widmete, sich Lochiel seinem privat Leben in seiner Grafschaft Lochaber . 1939 wurde Lochiel zum Lord Lieutenant von

Inverness-shire ernannt, aber die Krönung seiner

Karriere war, zu er im Jahr 1934 vom König zum "

Knight of the Thistle" geschlagen wurde in Anerkennung seiner großen Dienste zu seinem Land und insbesondere dem Hochland; der erste Rittertitel, dem einem einem Lochiel verliehen wurde, seit Sir Ewen Dubh vom James, Herzog von York, in 1682, geadelt wurde. Weitere Anerkennung seiner Dienste bekam er im Jahr 1948, als ihm den Ehrendtitel.

LL.D. von der Glasgow Universität verliehen wurde. Lochiel starb 1951 und wurde in Achnacarry begraben.

Donald Hamish Cameron (XXVI Chief, ältester Sohn von Donald Walter Cameron) of Lochiel , wurde 1910 geboren. Er studierte in Harrow und dem Balliol College in Oxford. Erkennend, daß die Zukunft vom

Land und das Betreiben von Landwirtschaft im

Hochland auf keinen Fall gesichert war, und um das Lochiel Gut in der Lochiel Familie zu behalten, sowie die Cameron Ländereien sah er ein, daß er finanzielle Ressourcen von außerhalb bekommen musste, deshalb wurde er Steuer- und Wirtschaftsberater und steuerte auf eine Unternehmer-Karriere zu. Im Jahre 1939 heiratete er Margaret, Tochter von Colonel the Hon. Nigel Gathorne-Hardy, Bruder des Grafen von Cranbrook.

Lochiel war Offizier der Lovat Scouts im Jahr 1929, und als 1939 der Krieg ausbrach mobilisierte er sein Regiment, und diente damit in Italien und machte die militärischen Traditionen seiner Familie weiter Ehre.

Als Lochiel 's Vater in 1951 starb, entschied er sich, daß seine Stelle in Achnacarry sein muß, und mußte deshalb seine Termine in London umlenken. Aber seine Erfahrung und seine Fähigkeiten waren so gut, daß er bald gefragt wurde, im Vorstand mehreren Gesellschaften zu dienen, so daß ihn seine Schulung als Geschäftsmann, in eine gute Stellung brachte.

Lochiel wurde 1971 Lord-Leutnant von Invernessshire ; er wird so die dritte Generation der Lochiels, die ihren Monarchen in der Grafschaft repräsentierten. Er ist Colonel des 4&5 ten Bataillons, der Cameron Hochländer T.A.; ein Bataillon, das er von 1954 bis 1956 kommandierte. Er ist Ratsmitglied für Kilmallie im Gemeinderat von Inverness.

Seine Geschäftsinteressen führen ihn ständig, nach London und Edinburgh, aber jedes Wochenende kommt er zurück nach Achnacarry, um verschiedenen Projekte auf seinem Gut zu beaufsichtigen, das noch immer über 100,000 Morgen ausstreckt, und ist jede Zeit bereit, Mitglieder des Clans auf den Cameron Ländereien zu begrüßen. Im November 1973 schlug die Königin Lochiel zum "Knight of the thistle", (Ritter der Distel), in Anerkennung seiner Dienste zu seinem Land.

Donald Angus, Jüngster von Lochiel (XXVII Chief, ältester Sohn von Donald Hamish Cameron) wurde 1946 geboren.
Er wurde 2004 nach dem Tod seines Vaters neuer Chief des Clans. Im Jahr 1974 heiratete er Lady Cecil Kerr, 2te Tochter vom 12ten Marquis of Lothia. Sie haben einen Sohn, Donald Andrew geboren 1976, und drei Töchter; Catherine Mary geboren 1975, Lucy Margot geboren 1980, und Emily Francis geboren 1986. Um seine Zukunft zu sichern, folgte der junge Donald Angus von Lochiel den Schritten seines Vaters und wurde Steuer- und Wirtschaftsberater. Wir wünschen ihm alles Gute. An ihm, Hängt jetzt das Vertrauen vom Bewahren der Cameron Ländereien für künftige Generationen, und das

Sicherstellen, der großen Traditionen , dass dieser große Clan weiterleben kann.

Achnacarry
Die Heimat des Clan Cameron

New Achnacarry © Lokcick Chr.

DIE GESCHICHTE VON ACHNACARRY –
FRUEHER UND HEUTE

Achnacarry ist der Stammsitz der modernen (nach1655) Chiefs des Clan Cameron. Der Name " Achnacarry " ist Gaelisch und bedeutet «Feld (achadh) von den (na) Fischfallen (caraidh)". Es befindet sich auf der Landenge zwischen Loch Lochy und Loch Arkaig, da wo das Wasser des Loch Arkaig ins Süd-Ende des Loch Lochy läuft.

DAS ALTE ACHNACARRY

Ewen " Eoghainn MacAilein " Cameron, XIII Chief des Cameron Clans, baute die sehr bestrittene Tor Burg (man sagte, sie wäre auf den Ländereien des Clan Mackintosh gebaut worden) im frühen 16 Jahrhundert. Die Tor Burg wurde der Sitz von Lochiel, bis sie durch seinen großgroß-groß Enkel, Sir Ewen " Dubh " Cameron, XVII Chief.zerstört wurde.

Sir Ewen wollte ein " zweckmäßigeres " Haus, das weit entfernt vom Clan Mackintosh, Clan Campbell und der Cromwellian Garnison von Inverlochy lag. Er baute Achnacarry um 1655. Eine der wenigen übrig gebliebenen Beschreibungen erzählt, daß der Sitz von Lochiel ein großes Haus war, gebaut aus Fichtenholz, das schönste dieser Art in Britannien ". Sir Ewen-Barde beschrieb das Haus um 1663 in einem Lied als " Das großzügigste Haus voller Feste
..., wo Wein getrunken wurde in glänzenden Gläsern ..., und die Musik unter seinen Dachsparren schallt. Andere stellten das " alte Achnacarry ", als die Heimat eines " Mannes, " mit dem Gefühl und dem Aussehen eines großartigen Jagdhauses inmitten des Westlichen Hochlandes, dar.

Mit Sir Ewen 's Tod im frühen 18 Jahrhundert wurde sein Sohn John Oberhaupt des Clans, bald nachdem dessen Sohn Donald, Achnacarry erhielt, ging John nach dem ersten Jakobiter Aufstand ins Exil nach Frankreich.

Von Donald Cameron (" Der samtmütige Lochiel ") XIX Chief bekamen wir die beste Beschreibung vom Grundstück. In seinem Ehe-Vertrag stand eine Anforderung, in der Lochiel seiner Frau " ein Haus im Wert von wenigsten 100 Pfund Sterling bauen mußte, mit Gärten, Büros, Privaträumen, Ländereien, und anderem Komfort «. Donald pflanzte eine lange Linie von Buchen-Bäumen in der Nähe des Ufers vom FlußArkaig, wo " Bonnie Prince Charlie", 1745 ankam, die letzte Landschaftsänderung, die für Jahre bei Achnacarry gemacht wurden.

Das Neue ACHNACARRY

Als 1802 Achnacarry, die letzten fünfzig Jahre als Ruine gedient hatten, wurde sie unter Donald Cameron, XXII Chief vom Clan Cameron, im Style eines "schottische Grafenschloss"(es wird im allgemeinen mit einer Burg verglichen.), wieder aufgebaut. In den Jahren nach dem Aufstand hatten Lochiel 's Nachkommen ihren Weg langsam wieder im "VEREINIGTE KÖNIGREICH" gemacht, nachdem sie eine riesige Geldstrafe an die Hannoveraner-Regierung zahlten, um die Güter ihrer Vorfahren wiederzuerlangen.   Dieses neue "villenähnliche Wohnhaus" wurde nach einem Design des bedeutenden Architekten James Gillespie (Graham) wiederaufgebaut. Sein Gebäude-Unternehmer war Robert Ferguson.   Dieses stufenweise gebaute Projekt, hatte lange Bauperioden, bis es fertig war. Um für eine moderne Konstruktion zu sorgen wurde die Straße von Gairlochy zu Achnacarry von Lochiel in 1809 übernommen.Vor dieser Zeit war sie nicht viel mehr als ein abgenutzter ländlicher Pfad.

Während des Besuchs von Achnacarry 1837 nahm ein Josef Mitchell, C.E., von Inverness diese Aufzeichnungen auf dem Wohnsitz von Lochiel (jetzt Donald Cameron, XXIII Chief) auf : " Wir gingen durch die Zimmer. Das Haus wurde vor fünfunddreißig Jahre gebaut, und als es fast fertig wurde, hatte Lochiel 's Vater solch ein Ekel damit dass er es verliess und nie mehr zurück kam. Im gleichen Jahr [1837] arrangierte sich Lochiel, und liess das Haus vervollständigen so dass es jetzt als gutaussehender Wohnsitz dem Oberhaupt würdig ist..."

Während des Monats September 1873 besuchte Königin Victoria Achnacarry, und Teile der Domäne mit Lochiel. Ein Höhepunkt dieser Spritztour war, als die Königin den Cameron Chief auf eine kleine Dampfer-Tour auf dem Loch Arkaig begleitete, wo sie sich die Landschaft anschaute und sich einige Skizzen machte.

Im August 1928 wurde Achnacarry ausgewählt für eine geheime " Friedens-Konferenz " zwischen den Leitern der Erdölindustrie der freien Welt. Lange Preis-Kriege und die bedrohliche Strömung russischen Öles hatten diese Männer zusammengebracht, um über Bedingungen in einem isolierten und entspannenden Rahmen zu diskutieren. Zwei Wochen voller Diskussion und das Jagen unter Lochiel 's Gut resultierte in einem beeindruckenden siebzehn Seiten langemDokument, das als der " Schwimmbad-Verband " bekannt wurde. Später wurde es besser bekannt als " Achnacarry Agreement ". In ihm versuchten diese Männer von Industrie, das Problem der Ära von Überproduktion mit Quoten in verschiedenen Welt-Märkten zu lösen.

Während des zweiten Weltkrieges stellte Lochiel ein Teil von Achnacarry dem britischen Militär zu verfügung. Ungefähr 25,000 englische, schottische, irische, walisische, französische, belgische, amerikanische, holländische und norwegische Soldaten wurden hier als Kommandotruppen ausgebildet. Achnacarry wurde bei den Soldaten als " Burg-Kommando" bekannt. " Hier, im Herzen der schottischen Hochlandes, absolvierten Männern von beinahe jedem Land , eine Kommandoausbildung.

Hier, wo sie sich nach Wochen, qualifizierten konnten sie schließlich mit Ehre das grüne Barett tragen. Sie wurden Kommandotruppen ". Achnacarry selbst wurde während der Ausbildung der Kommandotruppen verwundet; am 5. November 1943 brach ein Feuer aus und weidete den mittleren Teil und das Dach aus. Das Dach wurde aus Zinn vom Militär ersetzt, und Lochiel wurde für den Verlust entschädigt. Trotzdem erfuhr Achnacarry sein zweites Feuer durch die Händen des britischen Militäres, in dieser Zeit schaffte es der Sitz des Cameron von Lochiel glücklicherweise zu überleben.

Achnacarry setzte sich fort, in den Worten einer der britischen Kommandotruppen, " als das geistige Hauptquartier des Clans Cameron ". Während des
Augusts 2001, Oberst Sir Donald H. Cameron von Lochiel, XXVI Chief vom Clan Cameron (1910-2004) und Lady Margaret begrüßte Stammeszugehörige aus der ganzen Welt zum Internationalen Treffen vom Clan Cameron in Achnacarry. Nach seinem Tod 2004 wird das
Erbe von seinem Sohn Donald Cameron of Lochiel
XXVII Chief of Clan Cameron weiter geführt. Wenn Camerons den Drang fühlen, "nach Hause zu kommen", führt unvermeidlich ihr Weg nach Achnacarry.

<u>*Danksagung*</u>

*Es war ein Vergnügen, an diesem Buch zu arbeiten, und ich
schulde allen die mich dabei unterstützten großen Dank.*

*An erster Stelle will ich meiner Frau Sandy meine
Dankbarkeit,
meinen Respekt aussprechen, die mich nach Schottland begleitete.*

*Jean-Claude Charpentier und Luc Schaf verdienen den gleichen
Respekt und die gleiche Anerkennung, als große Berater und vor
allem als treue Freunde...*

*Meinen Dank möchte ich auch aussprechen an meine schottischen
Stammesangehörigen;
Donald Cameron of Lochiel
XXVII Chief of Clan Cameron und
Alan Cameron of Erracht, ohne Sie hätte ich nie die Geschichte
des Cameron Clans weitergeben können.*

*Dank auch an „Wikipedia" und einigen Internetadressen über die
ich
auch einige Informationen bekam.*

Laird Christian Lokcick of Glencairn